NOTE

SUR LA

DÉFENSE DE LYON

PAR

le Colonel DE LA LAURENCIE

PARIS

LIBRAIRIE MILITAIRE R. CHAPELOT ET Ce

IMPRIMEURS-ÉDITEURS

30, Rue et Passage Dauphine, 30

1903

Tous droits réservés.

NOTE

SUR LA

DÉFENSE DE LYON

PARIS. — IMPRIMERIE R. CHAPELOT ET C⁰, RUE CHRISTINE, 2.

NOTE

SUR LA

DÉFENSE DE LYON

PAR

le Colonel DE LA LAURENCIE

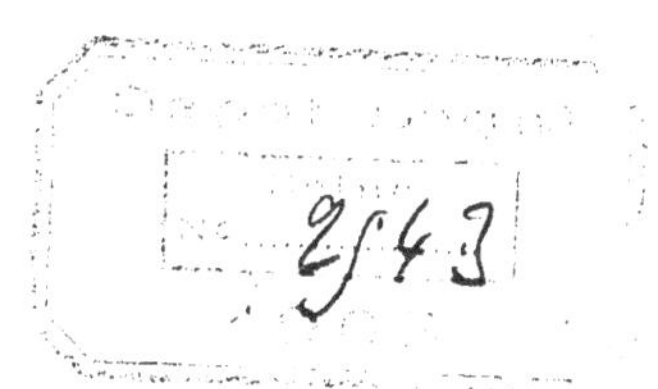

PARIS

LIBRAIRIE MILITAIRE R. CHAPELOT ET Cᵉ

IMPRIMEURS-ÉDITEURS

30, Rue et Passage Dauphine, 30

1903

NOTE

SUR LA

DÉFENSE DE LYON

Examen préliminaire. — Dans les conditions de l'artillerie moderne, en présence de canons pouvant porter à près de 20 kilomètres avec un tir à toute volée, dans les conditions surtout de l'artillerie de l'avenir, de l'artillerie de demain peut-être, il serait vraiment plus que ridicule, il serait dangereux, il serait coupable de prétendre mettre à l'abri du bombardement, par une ligne continue de forts, *tant voisins soient-ils l'un de l'autre ou tant éloignés du noyau central qu'on les puisse concevoir,* une agglomération quelconque de l'étendue et de l'importance de Lyon.

Aussi bien déjà, les forts existants répartis à 10 ou 12 kilomètres du centre de la ville, constituant une périphérie de 70 ou 80 kilomètres, nécessitent, pour leur défense, une force armée de 80,000 hommes au moins, à raison de 1 homme par mètre courant, suivant les desiderata minima des maîtres en poliorcétique.

Il semblerait bien évident tout d'abord que semblable force, quelque parcimonieuse même qu'elle puisse paraître, pourrait recevoir, dans la défense nationale, un plus utile emploi qu'une défense réduite à ce coin de France, en une répartition bien uniforme, un développement en cordon extra-mince, tout autour d'une cité riche, populeuse, puissante.

On doit donc considérer la défense de Lyon à un point de vue plus général que la simple défense d'une ville de France isolée, tant importante soit-elle.

Rôle de Lyon dans la défense générale de la France. — Lyon peut et doit barrer la vallée de la basse Saône en même temps que la vallée du Rhône ; il doit interdire aux Allemands la descente dans le Midi de la France et aux Italiens la remontée dans le Nord ; il doit surtout empêcher que les armées de ces deux puissances ne puissent se donner la main, accoupler leurs armées pour entreprendre une poussée commune d'invasion vers le Nord-Ouest.

La défense de Lyon doit surtout les empêcher, les uns comme les autres, d'établir en cette ville, si puissante par ses ressources en tout genre, une solide base d'invasion et plus tard, peut-être, au cas improbable d'un écrasement final, une base de revendication ou plutôt de conquête.

Mais, encore une fois, cette grande et puissante ville ne doit pas, ne saurait être défendue par et pour elle-même.

Constituée en ville fortifiée, en ville fermée, elle serait vouée, par là-même, fatalement, à un bombardement, à un écrasement sans précédent dans l'histoire. Un assiégeant brutal ou un peu entreprenant pourrait facilement le réaliser d'un point quelconque de ce grand pourtour, avec l'artillerie de l'avenir, même avec l'artillerie moderne.

D'ailleurs, au pis-aller, l'ennemi, pour diriger plus méthodiquement le bombardement ou l'écrasement de cette cité populeuse devrait-il percer la ligne des forts, il le pourrait faire sûrement et toujours, par quelque coup de force, en sacrifiant du monde, alors que cette ville ne serait défendue que par une simple garnison portée même à 80,000 ou 100,000 hommes.

Grande armée de 2ᵉ ligne, de 2ᵉ levée. — Qu'il soit donc bien admis, bien établi que, pour remplir efficacement son vrai rôle dans la défense générale de la France, Lyon doit être le point de concentration d'une grande armée de 2ᵉ ligne, s'organisant dans sa région à l'aide des ressources ultimes en hommes fournies par le Midi et des ressources en matériel puisées dans Lyon lui-même aidé de son opulente banlieue. Cette grande armée de 2ᵉ ligne pourrait, jusqu'au jour de son extrême appel sur un autre théâtre où la France aurait à jouer son dernier coup de dé, pourrait, devrait rayonner avec ses forces vives et mobiles jusqu'à 40 ou 50 kilomètres autour de Lyon, couvrant ainsi la ville elle-même, la mettant à l'abri de tout bombardement, de toute insulte ou de toute occupation même partielle ; maîtrisant les confins de la France des Alpes au Jura, ne permettant, par suite, qu'à travers les Alpes, c'est-à-dire dans de mauvaises conditions d'invasion, la réunion des armées de l'Italie et de la Prusse.

Massif du mont d'Or. — Cette armée se devrait concentrer et constituer, excellement, dans le massif même du mont d'Or, organisé tout entier défensivement dès le temps de paix. En cas de départ de cette grande armée de 2ᵉ ligne, ce serait encore là que devrait être massée définitivement la petite armée chargée de la défense dernière, de la défense proprement dite de Lyon. Cette grande ville serait ainsi défendue par son flanc Nord, et ce massif devrait être considéré comme le dernier réduit de sa défense.

Pour l'organisation de ce massif nous demanderions un simple fossé continu, à mi-hauteur (ou au tiers inférieur) de ses pentes, avec une simple grille, défendue elle-même par quelques tambours pour infanterie, couronnés par une plate-forme armée d'une seule pièce légère aux points particulièrement dangereux, tels que les débouchés de ravins.

Les sommets ou crêtes de ce massif seraient seuls armés de grosse artillerie, montée sur des plates-formes mobiles, courant elles-mêmes sur une voie ferrée dont les emplacements de mise en batterie, multipliés sur les crêtes, seraient bien marqués d'avance.

Désidératum pour l'occupation d'une hauteur. Souhait bien ancien! — Pour toute hauteur appelée à recevoir de la grosse artillerie, nous préconiserons, là au mont d'Or plus que partout ailleurs, l'organisation suivante que l'expérience acquise dans la défense de Belfort, en 1870-71, nous a toujours, depuis lors, porté à considérer comme le plus propre à répondre aux progrès de l'artillerie, en même temps qu'aux explosifs modernes, à ceux de l'avenir encore mieux peut-être.

Depuis la guerre, nous avons longuement et compendieusement développé ces idées et cette organisation dans des brochures ou des conférences toujours mal vues en haut lieu, du reste. Nous nous contenterons donc de rappeler ici, très sommairement, le schéma de ce désidératum patriotique :

Couronner le sommet en question d'un tambour (bois, fer ou pierre) d'infanterie servant de vigie ou de réduit, le surmonter lui-même d'une plate-forme libre pour une pièce d'artillerie légère, unique, puisqu'elle n'a pour but que de protéger le tambour et d'en fouiller les abords.

A 8 ou 10 mètres au-dessous du sommet de la hauteur, percer le mamelon par un tunnel dans lequel s'ouvriraient les magasins à poudre et les remises au matériel délicat ou dangereux.

Fermer ce tunnel à ses deux extrémités par des grilles solides et en faire déboucher, par chaque extrémité, une voie ferrée qui reporterait à droite et à gauche du tunnel, en des emplacements de batterie nombreux, étudiés et préparés d'avance, toute la grosse artillerie appelée à armer ce sommet, d'où cette artillerie aurait à étendre au loin son action, à accuser sa puissance.

Application au Mont-Verdun. — C'est dans cet esprit que devrait être excellemment organisé le Mont-Verdun, pointe nord du massif du mont d'Or, à Lyon, puissante pointe extrême, sinon clef de ce précieux contrefort, si remarquable, tant au point de vue militaire qu'au point de vue géodésique. Semblable système remplacerait avantageusement le fort actuellement établi sur ce point merveilleux, mais qui, à cause de sa configuration même, voit mal et ne peut pas grand'chose à son avancée.

Son action actuelle, dans les conditions où il se présente, serait à peu près nulle, si tant est que sa résistance ou au moins celle de ses coûteuses constructions pût inspirer quelque confiance ou donner sécurité sérieuse.

Préparation de l'occupation du mont d'Or par l'armée de 2e ligne. — L'installation sur le massif du mont d'Or d'une armée de 600,000 à 800,000 hommes, de 2e levée, serait préparée ou assurée, pour le cas de guerre ou de mobilisation seulement, à l'aide d'éléments ou de matériel rassemblés, dès le temps de paix, dans la place de Lyon; ce matériel y serait tenu en réserve pour n'être mis en place qu'au dernier moment.

Jusque-là on étudierait, dès le temps de paix, la complète organisation de cet ensemble dans ses moindres détails, et, en attendant son complet achèvement, dès l'ouverture des hostilités on parerait aux premiers besoins d'une concentration en utilisant les forts qu'on a déjà construits tout autour de Lyon pour la défense locale.

Utilisation des forts existants. — C'est qu'en effet, alors même que, conformément à nos idées et d'après notre système, la plupart des forts de la périphérie de Lyon devraient être considérés comme inutiles, simple superfétation, pure perte d'argent, nous n'en demandons pas moins qu'ils soient conservés et maintenus tels qu'ils existent et parce qu'ils existent. Nous ne les eussions certes pas créés, mais on ne doit pas les raser; on devra même les défendre jusqu'à la dernière limite, comme des points d'appui, des réduits isolés, mais en ne consacrant à leur défense qu'un peu d'infanterie et, tout au plus, quelques pièces légères d'artillerie.

Quant au massif du mont d'Or, organisé définitivement comme nous l'avons marqué à grands traits au commencement de cette étude, il devrait aussi conserver tous les forts qu'on y a déjà construits. On les défendrait comme réduits isolés, avec de l'infanterie et quelques pièces légères d'artillerie. Nous constituerions, par exemple, un solide réduit central, pour la défense du massif tout entier, considéré comme une position inviolable, à l'aide du pignon et du fort du Montou, spécialement réorganisé à cet effet, muni d'une assez nombreuse artillerie légère, voire même de quelques pièces d'une puissance supérieure armant son sommet et battant tout le massif.

Analyse des forts du 1ᵉʳ secteur pris comme types. — Une rapide analyse des forts existants autour de Lyon pourrait trouver place ici et ne semblerait peut-être pas dénuée de tout intérêt.

Bornons-nous, dans cette analyse très sommaire, aux forts construits dans le 1ᵉʳ secteur de la défense, en les considérant ou les étudiant comme types, non seulement pour ceux de la seule place de Lyon, mais encore pour tous les forts des places créées en France depuis la guerre.

Aussi bien tous sont à peu près de même facture, malheureusement et probablement aussi de même valeur[1].

1° *Fort de Chapoly*. — C'est le fort construit le plus récemment ; il est du dernier système, du système imaginé après l'affolement inconsidéré qui s'est emparé de la France entière au lendemain des curieuses expériences de la Malmaison. Ce fort est constitué par un énorme bloc de béton enterré, sans maçonnerie aucune. Nous le tenons pour un mignon nid à bombes.

Presque sans action extérieure, dominé de partout, il semble voué à une destruction certaine et peut-être rapide, sinon sous l'action de coups isolés, au moins sous une concentration de feux. Mais aussi, peut-être que le temps, l'air, l'humidité, l'intempérie des saisons auront, préalablement à toute résistance, mené à bien leur œuvre commencée. Cette grosse masse de béton semble déjà se déliter ou fendiller tout naturellement. Quoi qu'il en soit de son avenir de paix, le service de l'artillerie qui en constitue l'armement deviendra bien vite impossible sous la riposte de l'ennemi, immobilisé qu'est cet armement par l'étroitesse même du fort.

Les magasins seront sûrement détruits ou au moins bouchés avant d'être vidés. Quant aux hommes de sa garnison, ils y seront devenus fous avant d'y avoir trouvé sépulture.

2° *Fort du Paillet*. — C'est là un autre nid à bombes, qui, construit en maçonneries, est voué à une destruction plus rapide et tout aussi certaine que celui de Chapoly, de par les crêtes seules de Dardilly, si menaçantes et si proches.

Comme le précédent, ses terre-pleins n'ont d'autre résultat que d'immobiliser la grosse artillerie de son armement.

Groupant ses magasins sur un petit espace, il ne peut faire autrement que d'y appeler la concentration du tir de l'ennemi.

3° *Fort du Mont-Verdun*. — Ce fort n'est pas dominé à bonne

---

[1] Dans ce qui va suivre, on n'a relaté que ce que chacun peut voir, durant une simple promenade, en s'abstenant religieusement de toute divulgation technique et dangereuse.

distance ; il a sinon de très belles vues, au moins un très beau tir indirect sur toute la région voisine, sur toutes les vallées qui serpentent à son pied.

Parce qu'il est vaste, les déplacements de ses grosses pièces y demeurent possibles, la mobilité de son armement y est donc relativement assurée, et, par là même, son matériel y court moins de risques qu'ailleurs.

Réorganisé comme il a été marqué précédemment, ce fort pourrait puissamment contribuer à la défense de Lyon et, partant, à la défense de tout ce coin de France.

4° *Fort du Narcel.* — C'est, de mieux en mieux, un nid tout préparé pour le bombardement, appelant de lui-même les coups et les concentrant sur ses magasins et sur son matériel immobilisé.

5° *Fort du Montou.* — Nous avons indiqué précédemment le parti, l'emploi que nous nous proposions de tirer de cette position. De ce fort réorganisé nous ferions comme le centre, la clef de la défense de cette magnifique masse du mont d'Or, clef elle-même de toute la défense de Lyon, réduit ultime de la défense de toute la région lyonnaise.

6° *Fort de la Fréta.* — Éperon menaçant, il étendrait au loin l'action de la zone fortifiée du mont d'Or ; peu dominé lui-même et déployant à sa queue un plateau où son gros matériel trouverait à se mouvoir, à se déplacer aisément, par suite acquerrait une sécurité relative ; il aurait à jouer, comme fort, un rôle utile à la défense telle que nous la comprenons pour Lyon et n'aurait pour le jouer qu'à subir quelques légères modifications.

Travaux et millions perdus. — Si nous continuions notre examen des lieux en dehors du 1er secteur, nous trouverions environ vingt forts ou gros ouvrages de même valeur semés tout autour de Lyon, sans compter les multiples batteries, dont certaines sont construites ou amorcées déjà sur des terrains achetés d'avance et dont les autres, indiquées seulement, seraient à construire à la déclaration de la guerre.

Soit environ 50 millions de moellons, de constructions, de

béton jetés là, sans grand profit pour la patrie, ou même sans réelle sécurité ou avantage pour Lyon !

Il en va à peu près du même chiffre pour Reims, que nous connaissons bien et où l'on ne parle rien moins que de tout abandonner au plus tôt.

Soit 500 ou 600 millions, peut-être 1 milliard, perdus en essais. Mais, mieux encore, il faut entretenir tout cela ! La majeure partie en est armée, le matériel est en place, il repose toujours sur des bois de 1er choix, malgré les enseignements de la défense de Belfort.

De ce chef encore pertes réelles, sérieuses et inutiles dépenses, remplacement fréquent assez coûteux, et cependant ces bois ne fourniraient peut-être un jour, devant l'ennemi, qu'une assez courte, sinon triste carrière.

Cause réelle. — Tout cela provient en partie, nous l'avons dit dans maintes conférences, par maintes brochures, mais nous ne saurions assez le redire, tout cela provient de la méconnaissance intentionnelle, de la négation systématique et de principe où l'on a toujours voulu tenir la défense de Belfort en 1870-71[1].

C'était et c'est encore cependant la dernière en date des défenses connues; partant elle eut dû, par excellence, inspirer la poliorcétique moderne, voire même celle de l'avenir, puisque là on avait tenté d'innover par intuition.

---

[1] C'était l'avis formel du grand patriote, du glorieux Denfert.

Paris. — Imprimerie R. Chapelot et Cᵒ, 2, rue Christine.

PARIS. — IMPRIMERIE R. CHAPELOT ET Cⁱᵉ, 2, RUE CHRISTINE.